Lektürewortschatz zu The Hunger Games

von Margitta Eckhardt

Ernst Klett Sprachen
Stuttgart

1. Auflage 1 9 8 7 6 5 | 2024 23 22 21 20

www.klett-sprachen.de

Autorin: Margitta Eckhardt
Redaktion: Paul Newcomb
Layoutkonzeption: Maja Merz
Gestaltung und Satz: Datagroup Int. SRL, Timisoara, Rumänien
Umschlaggestaltung: Maja Merz
Titelbild: Illustration by Tim O'Brien from THE HUNGER GAMES by Suzanne Collins, Mockingjay image © 2009 Scholastic Inc. All rights reserved. Used by permission of Scholastic Inc
Druck und Bindung: Salzland Druck, Staßfurt

Printed in Germany

ISBN 978-3-12-578101-6

9 783125 781016

Inhaltsverzeichnis

Liebe Leserinnen und Leser,

der vorliegende **Lektürewortschatz zu The Hunger Games**, thematisch in fünf Kapitel unterteilt, bietet Ihnen ein unerlässliches Hilfsmittel für die mündliche und schriftliche Auseinandersetzung mit dem Roman. Mithilfe der überschaubaren, sinnvoll zusammengestellten Lernportionen erweitern Sie Ihren Wortschatz um verlässliches Vokabular zu allen wichtigen Themen und Motiven des Romans. Mit dem Lektürewortschatz sind Sie somit bestens ausgerüstet, *The Hunger Games* im Unterricht zu erarbeiten.

Viel Erfolg und Freude bei der Lektüre wünscht Ihnen
Die Redaktion Englisch, Ernst Klett Sprachen GmbH

Übersicht über die verwendeten Symbole und Abkürzungen

adj	adjective	Adjektiv
adv	adverb	Adverb
AE	American English	amerikanisches Englisch
BE	British English	britisches Englisch
etw		etwas
fml	formal	formell
jd, jdn, jdm, jds		jemand, jemanden, jemandem, jemandes
n	noun	Nomen, Substantiv
old	old-fashioned	altmodisch
pl	plural	Plural
prep	preposition	Präposition
sb	somebody	(irgend) jemand
sing	singular	Singular
sth	something	etwas
uncount	uncountable (noun)	nicht zählbar(es Nomen)
v	verb	Verb
=	synonym (same meaning)	Synonym
≠	antonym (opposite meaning)	Antonym
▸	words in the same word family	Hinweis auf Wörter der gleichen Familie

Alle phonemische Transkriptionen entsprechen gängigem amerikanischem Englisch, basiert auf Einträge der Website www.pons.com.

Lektürewortschatz zu *The Hunger Games* auf einen Blick

1 PANEM

Mindmaps visualisieren wichtige Wortschatzthemen

rabbit *n*
predator [ˈpredət̬ɚ] *n*
bear [ber] *n*
cougar [ˈkuːgɚ] *n*
lynx [lɪnks] *n*
pack (of wild dogs) *n*
deer [dɪr] *n*
squirrel [ˈskwɜrəl] *n*
turkey [ˈtɜːrki] *n*
mockingbird *n*
jay [dʒeɪ] *n*

roam [roʊm] *v*
prowl [praʊl] *v*
= creep (crept, crept)
pounce on *v*
devour [dɪˈvaʊɚ] *v*
dangerous [ˈdeɪndʒrəs] *adj*
venomous *adj*
= poisonous
venomous snake
rabid *adj*

12

Synonyme (=) / Antonyme (≠)

Hinweise auf Wortfamilien

PANEM 1

(outward) appearance *n*	(äußeres) Erscheinungsbild, Aussehen
= look	
cosmetic surgery *n*	Schönheitschirurgie, -operation
modification *n*	Veränderung
▸ modify *(verb)*	
(self-)alteration *n*	Veränderung (an sich selbst)
skin *n uncount*	Haut
dye (one's skin)	(seine Haut) färben
tattooed (skin)	tätowiert(e Haut)
depilated	enthaart
Many Capitol citizens modify their skin: they dye their bodies, are tattooed all over and completely depilated.	Viele Bürger des Capitol verändern ihre Haut: sie färben ihre Körper, sind überall tätowiert und komplett enthaart.

Nützliche Beispielsätze

Fashion

Capitol people think their **fashion** is **stylish**. To outsiders their way of dressing is **freakish**, even **hideous**. Everybody, male or female, is **heavily made up** in **garish** colours like aqua.

fashion *n*	Mode
stylish [ˈstaɪlɪʃ] *adj*	modisch
freakish *adj*	ausgeflippt, verrückt
hideous [ˈhɪdiəs] *adj*	grauenhaft, scheußlich
(heavily) made up *adj*	(stark) geschminkt
exaggerated *adj*	übertrieben
garish [ˈgerɪʃ] *adj*	grell, knallbunt

23

Überschaubare, sinnvoll zusammengestellte Lernportionen

Infoboxen zu ausgewählten Themen

Deckt Themen ab, die im Kontext von *The Hunger Games* relevant und wichtig sind.

1.1 General information

Panem

Panem is the **successor state** that **came into being** after the **collapse** of the USA due to **natural disasters** and other **catastrophes**.

collapse [kəˈlæps] *n*	**Zusammenbruch**
catastrophe [kəˈtæstrəfi] *n*	**Katastrophe**
natural disaster *n*	**Naturkatastrophe**
destruction *n uncount*	**Zerstörung, Vernichtung**
drought [draʊt] *n*	**Dürre(periode)**
storm *n*	**Sturm, Unwetter**
(forest) fire *n*	**(Wald)brand**
flooding *n*	**Überschwemmung, Flut**
land loss *n*	**Landverlust**
civil war [ˈsɪvəl.wɔ:r] *n*	**Bürgerkrieg**
resurrection [ˌrezəˈrekʃən] *n*	**(Wieder)Auferstehung, Wiederbelebung**
rise up out of the ashes *v (fig)*, rose [rəʊz], risen [ˈrɪzən]	**aus den Trümmern wiederauferstehen**
successor state [səkˈsesɚ] *n*	**Nachfolgestaat**
come into being *v*	**entstehen**
(new political) order *n*	**(neue politische) Ordnung**
division [dɪˈvɪʒən] *n*	**Aufteilung**
district *n*	**Gebiet, Distrikt**
Capitol [ˈkæpət̬əl] *n*	**das Kapitol, Hauptstadt** *(von Panem) (Anspielung auf Capitol Hill, Sitz des US-Parlaments)*
capital [ˈkæpət̬əl] *n*	**Hauptstadt**
rebellion *n* = revolt	**Aufstand, Rebellion**
treason [ˈtri:zən] *n*	**(Hoch)Verrat**
defeat [dɪˈfi:t] *n*	**Niederlage**
obliteration *n* ‣ obliterate	**Auslöschung, Verwüstung** ‣ auslöschen, verwüsten
devastation *n*	**Vernichtung, Verwüstung**

restoration *n*	**Wiederherstellung**
▸ restore (order)	▸ wiederherstellen

location *n*	**Lage, Standort**
be located (near)	
mountain range *n*	**Gebirgskette**
Appalachian Mountains	
Rocky Mountains	
at the foot of *prep*	**am Fuß von**
plain [pleɪn] *n*	**Ebene**
distance [ˈdɪstᵊns] *n*	**Entfernung**
far away (from) *adv*	**weit entfernt (von)**

1.2 The Districts

1.2.1 Districts in general

region [ˈriːdʒᵊn] *n*	**Region, Gebiet, Landesteil**
separated from each other *adj*	**voneinander getrennt**
dependence (on) *n*	**Abhängigkeit (von)**
function [ˈfʌŋkʃᵊn] *n*	**Funktion, Aufgabe**
cater for (sb's needs) *v*	**auf (jds Bedürfnisse) eingehen**
supply [səˈplaɪ] *n*	**Versorgung, Belieferung**
deliver *v*	**(be)liefern**
specialization (in) *n*	**Spezialisierung (auf)**
production [prəˈdʌkʃᵊn] *n uncount*	**Produktion, Herstellung**
goods *pl*	**Waren, Güter**

Districts and their specialties

Each of the twelve Districts has its own special features. District 1 **manufactures luxury items**, District 2 produces **arms** or weapons, District 3 is responsible for technology such as **electronics**, District 4 specializes in fishing, District 5 **generates power** for all of Panem, District 6 provides **transportation**, District 7 has **the lumber industry** and paper, District 8 is responsible for **textile production**, District 9 is where **grain** is processed, District 10 is the **livestock** district, District 11 concentrates on **agriculture** and District 12 is known everywhere in Panem for **coal mining**.

manufacture luxury items *v*	**Luxusgüter herstellen**
arms production *n*	**Waffenherstellung**
electronics *n*	**Elektronik**
power generation *n*	**Stromgewinnung**
transportation *n*	**Transport** *(allgemein)*
lumber industry *n*	**Holzindustrie**
textile production *n*	**Textilherstellung, Bekleidungsindustrie**
grain processing *n*	**Getreideverarbeitung**
livestock *n*	**Vieh(zucht)**
agriculture [ˈægriˈkʌltʃɚ] *n*	**Landwirtschaft, Ackerbau**
(coal) mining *n*	**Bergbau, (Kohle-)abbau**

1.2.2 District 12

1.2.2.1 Setting & atmosphere

landmark *n*	**Wahrzeichen, Erkennungszeichen**
coal mine *n*	**(Stein-)Kohlenbergwerk, Zeche**
coal mining	Bergbau
miner	Bergarbeiter(in)
mine shaft *n*	**Schacht** *(Bergbau)*
(coal) dust *n uncount*	**(Kohlen-)Staub**
reek *n*	**Gestank**
living quarters *n (pl)*	**Wohnbereich**
slum *n*	**Slum, Elendsviertel**
unpaved *adj*	**ungepflastert, unbefestigt**

sooty *adj*	**rußig**
ashen [ˈæʃn] *adj*	**(asch)grau**
derelict [ˈderəlɪkt] *adj* = shabby = run down	**heruntergekommen, baufällig, schäbig**
grime *n* Katniss's skin may be so dark because of the grime.	**Schmutz** Katniss' Haut ist möglicherweise wegen des Schmutzes so dunkel.
drab *adj*	**trist, eintönig**
miserable *adj*	**armselig, miserabel, dürftig**
depressing *adj*	**deprimierend, bedrückend**
impoverished *adj*	**verarmt**
neglected *adj*	**vernachlässigt**

1.2.2.2 Important places & features

Hob *n*	*hier:* **Schwarzmarkt in Distrikt 12**
coal warehouse *n*	**Kohlelager**
black market *n*	**Schwarzmarkt**
trade (in sth) *v*	**(mit etw) handeln**
barter *v*	**Tauschhandel treiben**
swap sth for sth [swɑːp] *v*	**etw für etw eintauschen**
offer [ɑːfɚ] *v* ▸ offer	**anbieten** ▸ Angebot
range of goods *n*	**Warenangebot**
ban on weapons *n* Although you can get almost everything in the Hob, there is a ban on weapons.	**Waffenverbot** Obwohl man im Hob fast alles bekommen kann, gibt es ein Waffenverbot.
illegal [ɪˈliːgᵊl] *adj*	**illegal, verboten**

Seam *n*	*hier:* **ärmstes Viertel in District 12** *(eigentlich: Flöz (Bergbau), Narbe)*
Katniss lives in the Seam, the poorest part of District 12, close to the border.	Katniss lebt im Seam, dem ärmsten Teil von District 12, nahe an der Grenze.
on the outskirts *adv*	**in den Randbezirken, am (Stadt-)Rand**
border *n*	**Grenze**
chain-link fence *n*	**Maschendrahtzaun**
scruffy *adj*	**verwahrlost**
squalid [ˈskwɑːlɪd] *adj*	**vernachlässigt, verwahrlost**
dirt poor *adj*	**bettelarm**

Square [skweə] *n*	*hier:* **zentraler Platz in District 12**
meeting place *n*	**Treffpunkt**
better off *adj*	**wohlhabender, bessergestellt**
pleasant [ˈplezᵊnt] *adj*	**angenehm, freundlich**
Justice Building *n*	**Gerichtsgebäude**
shopping district *n*	**Einkaufsviertel**
pharmacy [ˈfɑːrməsi] *n (AE)* = chemist's *(BE)*	**Apotheke**
large-screen TV broadcast *n*	**TV-Übertragung auf Großbildschirm, Public Viewing**

1.2.2.3 The Woods

Woods *n*	*hier:* **Wald jenseits von District 12**
wilderness [ˈwɪldɚnəs] *n*	**Wildnis**
untamed *adj*	**ungebändigt, wild**
vegetation [ˌvedʒɪˈteɪʃᵊn] *n uncount*	**Vegetation, natürlicher Pflanzenbewuchs**
lush vegetation	üppige Vegetation
abundant vegetation	üppige, reichhaltige Vegetation
game *n uncount*	**Wild**
prey [preɪ] *n*	**Beute(tier)**
hunting ground *n*	**Jagdgebiet**

Activities in the Woods

- **go hunting** auf die Jagd gehen
- **poach** [poʊtʃ] wildern
- **snare (animals)** (Tiere) in einer Falle fangen
- **collect** sammeln
- **set traps** Fallen aufstellen
- **gather (nuts)** (Nüsse) sammeln
- **track down sth** etw aufspüren
- **dig roots** Wurzeln ausgraben
- **catch (fish)** (Fische) fangen
- **forage for sth** [ˈfɔːrɪdʒ] hier: nach Essbarem suchen

rabbit *n*	**Hase, Kaninchen**
predator [ˈpredət̬ɚ] *n*	**Raubtier**
bear [ber] *n*	**Bär**
cougar [ˈkuːgɚ] *n*	**Puma**
lynx [lɪnks] *n*	**Luchs**
pack (of wild dogs) *n*	**Rudel (wilder Hunde)**
deer [dɪr] *n*	**Rotwild, Hirsch, Reh**
squirrel [ˈskwɜrəl] *n*	**Eichhörnchen**
turkey [ˈtɜːrki] *n*	**Truthahn, Truthenne**
mockingbird *n*	**Spottdrossel**
jay [dʒeɪ] *n*	**Eichelhäher**

roam [roʊm] *v*	**durchstreifen, herumwandern**
prowl [praʊl] *v*	**(herum)schleichen**
= creep (crept, crept)	
pounce on *v*	**sich stürzen auf**
devour [dɪˈvaʊəʳ] *v*	**(auf-)fressen, verschlingen**
dangerous [ˈdeɪndʒrəs] *adj*	**gefährlich**
venomous *adj*	**giftig**
= poisonous	
venomous snake	Giftschlange
rabid *adj*	**tollwütig**

edible (plant) *adj*	**essbar(e Pflanze)**
≠ inedible	≠ ungenießbar, giftig
herb [hɜrb] *n*	**(Gewürz) Kraut, Heilpflanze**
mint *n*	**Minze**
rue [ruː] *n*	**(Wein-)raute**
The rue plant is used as a kitchen herb, as an ornamental plant and as a cat deterrent, since cats do not like the smell.	Die Weinraute wird als Küchenkraut, als Zierpflanze und zur Abwehr von Katzen genutzt, weil diese den Geruch nicht leiden können.
tuber [ˈtuːbəʳ] *n*	**Knolle**
dandelion *n*	**Löwenzahn**
primrose *n*	**Schlüsselblume**
katniss *n*	**Pfeilkraut**
catnip *n*	**Katzenminze**
nightshade *n*	**Tollkirsch** *(giftig)*

1.2.2.4 Society

society [səˈsaɪəti] *n*	**(die) Gesellschaft**
down-to-earth *adj*	**bodenständig**
townspeople *n*	**Städter(innen), Bürger(innen)**
merchant [ˈmɜːrtʃənt] *n*	**Kaufmann, Händler(in)**
craftsman *n*	**Handwerker**
privileged *adj*	**privilegiert, bevorzugt**
mayor [mer] *n*	**Bürgermeister(in)**
be able to afford sth [əˈfɔːd] *v*	**sich etw leisten können**

working class *n*	**Arbeiterschicht**
People living in the Seam are generally working class.	Die Menschen, die im Seam leben, sind meistens aus der Arbeiterschicht.
laborer [ˈleɪbərər] *n (AE)*	**Arbeiter(in)**
= manual worker *(BE)*	
be marginalized *v*	**an den Rand gedrängt sein, marginalisiert ein**
outcast *adj*	**ausgestoßen**
hardship *n*	**Notlage, Elend, Entbehrung**

unfit to work *adj*	**arbeitsunfähig**
injured [ˈɪndʒɚd] *adj*	**verletzt**
disabled [dɪˈseɪbəld] *adj (old)*	**(körperlich oder geistig) behindert**
= handicapped	
the old *n (pl)*	**die Alten**
orphaned *n*	**verwaist, elternlos**
social security *n*	**Sozialhilfe, Sozialversicherung**
= welfare *(AE)*	
There is no social security in District 12.	In District 12 gibt es keine Sozialhilfe.

make a living *v*	**sich seinen Lebensunterhalt verdienen**
butcher [ˈbʊtʃɚ] *n*	**Metzger(in), Fleischer(in)**
baker [ˈbeɪkɚ] *n*	**Bäcker(in)**
shopkeeper *n*	**Ladenbesitzer(in)**
black marketeer *n*	**Schwarzhändler(in)**

People's appearances

The hard life in District 12 shows in people's **appearances**: bodies are **thin** and **emaciated**; shoulders are **hunched** or **stooping**; nails **broken** and **knuckles swollen** from work in the mines. Most faces are **haggard**, **sunken** and deeply **lined**, even in those of younger people.

appearance *n*	**Äußeres, Aussehen**
thin *adj*	**dünn, mager**
emaciated *adj*	**ausgemergelt, abgemagert**
hunched (shoulders) *adj*	**hochgezogen(e Schultern)**
stooping *adj*	**krumm**
broken (nails) *adj*	**abgebrochene (Nägel)**
knuckle *n*	**(Finger-)knöchel**
swollen [ˈswoʊlən] *adj*	**geschwollen**
haggard *adj*	**hager, verhärmt**
sunken (cheeks) *adj*	**eingefallen(e Wangen)**
lined (face) *adj*	**von Falten durchzogen(es), zerfurcht(es Gesicht)**

clothing [ˈkloʊðɪŋ] *n uncount*	**Kleidung**
= clothes [kloʊ(ð)z]	
outfit *n*	**Outfit, Kleidung** *(häufig für bestimmte Anlässe)*
practical [ˈpræktɪkᵊl] *adj*	**praktisch**
plain [pleɪn] *adj*	**schlicht, einfach**
second-hand *adj*	**gebraucht, Gebraucht-**
= hand-me-down *(inf)*	
threadbare [ˈθredˌber] *adj*	**verschlissen**
ragged (clothes) [ˈrægɪd]	**zerlumpt(e), abgetragen(e Kleider)**
jumpsuit *n*	**Overall (Arbeitskleidung)**
baggy *adj*	**weit, ausgebeult**
headlamp *n*	**Stirnlampe**

1.2.2.5 Living conditions

medical services *n (pl)*	**ärztliche, medizinische Versorgung**
= health care	
In District 12, medical services are so poor that sb ill or injured has to rely on healers and medicinal herbs.	In District 12 ist die medizinische Versorgung so schlecht, dass Kranke und Verletzte sich auf Heiler und Heilpflanzen verlassen müssen.
insufficient [ˌɪnsəˈfɪʃənt] *adj*	**unzureichend, nicht genügend**
= inadequate	
quack [kwæk] *n*	**Wunderheiler(in), Quacksalber**
medicine [ˈmedɪsən]	**Arzneimittel, Medikament**
= medical drug	
medicinal herb *n*	**Heilpflanze**
remedy (for sth) [ˈremədi] *n*	**Heilmittel, Hausmittel (gegen etw)**
sleep syrup *n*	**Schlafmittel** *(hier: Opium)*
concoction *n*	**Gebräu**

supply (situation) *n*	**Versorgung(slage)**
water supply	Wasserversorgung
power supply	Stromversorgung
power cut *n*	**Stromsperre**
power failure	Stromausfall
frequent [ˈfriːkwənt] *adj*	**häufig, regelmäßig**
unreliable *adj*	**unzuverlässig**
≠ reliable	
limited *adj*	**begrenzt, eingeschränkt**

living conditions *n*	**Wohn-, (Lebens-)verhältnisse**
= housing conditions	
cramped [kræmpt] *adj*	**beengt**
furnishings *n pl*	**Ausstattung, Einrichtung**
equipment [ɪˈkwɪpmənt] *n uncount*	**Ausstattung**
ill-equipped	schlecht ausgestattet
uncomfortable *adj*	**ungemütlich, unbequem**
running hot/cold water *n*	**fließend warmes/kaltes Wasser**

(public) welfare [ˈwelfer] *n uncount (AE)*	**(staatliche) Fürsorge**
be on welfare	staatliche Unterstützung, Sozialhilfe bekommen
support *n*	**Unterstützung**
needy *adj*	**(unterstützungs)bedürftig**
be left to one's own devices *v*	**sich selbst überlassen sein**
loss of life *n*	**Verlust des Lebens, Todesfall**
casualty [ˈkæʒuːlti] *n*	**(Unfall-, Todes-)opfer**
maimed [meɪmd] *adj*	**verkrüppelt**
compensation *n*	**Entschädigung, Wiedergutmachung**
▸ compensate for sth	▸ für etw entschädigen, wiedergutmachen
community home *n*	**Gemeinschaftsheim** *(hier: Waisenhaus)*

1.2.3 Teenage life in District 12

1.2.3.1 Family

youth [ju:θ] *n uncount*	**Jugend**
adolescent [ˌædəˈlesənt] *n*	**Jugendliche(r), Heranwachsende(r)**
You are an adolescent from the age of twelve to eighteen.	Man ist im Alter zwischen zwölf und achtzehn Heranwachsender.
childhood [ˈtʃaɪldhʊd] *n*	**Kindheit**
adulthood *n*	**Erwachsensein**
▸ adult *(n, adj)*	
grow up *v*	**aufwachsen, groß werden**
(married) couple [ˈkʌpəl] *n*	**(Ehe-)Paar**
love match *n*	**Liebesheirat**
choose (one's partner) *v*	**(seinen Partner) auswählen**
raise a family *v*	**Kinder großziehen**
family size *n*	**Familiengröße**
unrestricted family size	unbeschränkte Familiengröße
sibling *n*	**Bruder oder Schwester**
= brother or sister	Geschwister

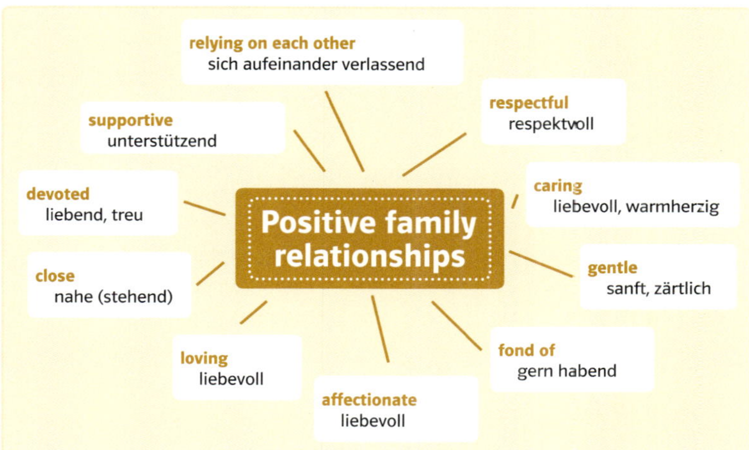

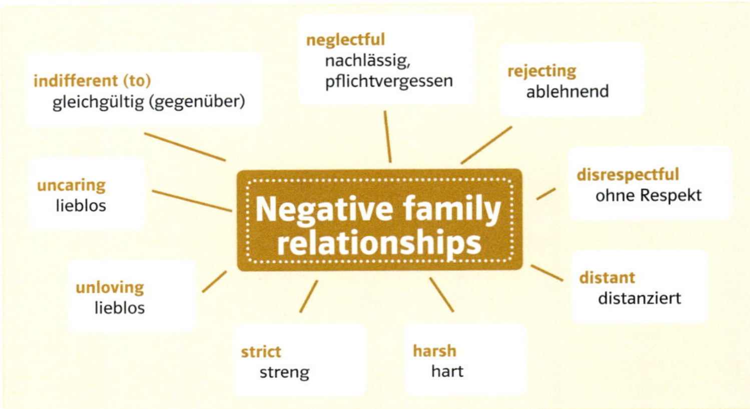

1.2.3.2 Free time, hobbies, school

hobby *n*	**Hobby, Freizeitbeschäftigung**
have no time for hobbies	
spare time *n*	**Freizeit**
= free time	
recreation [ˌrekriˈeɪʃ^{ə}n] *n*	**Freizeit, Erholung, Entspannung**
favorite pastime *adj (AE)*	**Lieblingsbeschäftigung**
experience moments of happiness *v*	**Glücksmomente erleben**
Katniss experiences rare moments of happiness when she is in the Woods, far away from her depressing surroundings.	Katniss erlebt seltene Glücksmomente, wenn sie im Wald ist, weit weg von ihrer deprimierenden Umgebung.
be time-poor *v*	**wenig Zeit haben**
be busy (with) *v*	**sich beschäftigen (mit), beschäftigt sein (mit)**

education *n*	**Bildung, Erziehung**
‣ be educated	‣ gebildet sein
schooling *n*	**Schulbildung**
attend school *v*	**zur Schule gehen, die Schule besuchen**
= go to school	

instruction [ɪnˈstrʌkʃᵊn] *n*	**Unterricht, Unterweisung**
= lessons	
compulsory [kəmˈpʌlsəri] *adj*	**Pflicht-, verpflichtend**
≠ optional	≠ freiwillig
basic [ˈbeɪsɪk] *adj*	**Grund-, Basis-, grundlegend, elementar**
= elementary	
coal-related *adj*	**auf Kohle bezogen**
Instruction in District 12 is almost always coal-related.	Unterricht in District 12 bezieht sich fast immer auf Kohle.
biased [ˈbaɪəst] *adj*	**voreingenommen**

Teenagers' activities

Teenagers in District 12 have little time for hobbies; they are too busy helping their families survive. They **make extra money** by hunting, gathering fruit, collecting herbs, and **bartering** these for things they need. At home they **look after** younger brothers or sisters, **care for** animals and **mend clothes**. They simply have no time to play, to **laze about** or **hang out with** friends. On public holidays, they watch TV – not at home, but in the Square, and not for fun, but because they have to.

make extra money *v*	**(sich etw) dazuverdienen**
support sb *v*	**jdn unterstützen**
provide for sb *v*	**jdn versorgen**
protect sb *v*	**jdn beschützen**
look after sb *v*	**sich um jdn kümmern / auf jdn aufpassen**
care for (animals) *v*	**sich um (Tiere) kümmern**
barter sth for *v*	**etw tauschen gegen**
mend (clothes) *v*	**(Kleidungsstücke) flicken**
laze about *v*	**faulenzen**
hang out (with) *v*	**abhängen (mit), sich aufhalten (mit)**
enjoy os *v*	**sich vergnügen**

subject *n*	**Schulfach**
reading *n*	**Lesen**
math [mæθ] *n AE, uncount*	**Mathe**

history [ˈhɪstᵊri] *n*	**Geschichte**
sports activity *n*	**Sport, sportliche Aktivität**
lecture [ˈlektʃɚ] *n*	**Vorlesung, Vortrag**
assembly [əˈsembli] *n*	**(Schul)versammlung**
school outfit *n* = school uniform	**Schulkleidung, -klamotten**
drab *adj*	*hier:* **langweilig, eintönig**
be in sb's year at school *v*	**mit jdm in einer Klasse, einem Jahrgang sein**

1.2.3.3 Responsibilities & difficulties

responsibility *n* accept responsibilty (for) ‣ feel responsible (for)	**Verantwortung** Verantwortung übernehmen (für) ‣ sich verantwortlich fühlen (für)
be in charge of *v*	**verantwortlich sein für, Verantwortung haben für**
at an early age	**früh, (bereits) in jungen Jahren**
contribute to (the family income) *v* In District 12, everybody has to contribute to the family income, even at an early age.	**zu(m Familieneinkommen) beitragen** In District 12 muss jeder zum Familieneinkommen beitragen, auch schon in jungen Jahren.
support sb *v*	**jdn unterstützen**
take part in (a lottery) *v*	**(an einer Lotterie) teilnehmen**
sign up for sth *v*	**sich für etw melden**
buy tesserae [ˈtesəriː] *v*	**Essensgutscheine kaufen**

fate [feɪt] *n uncount* meet one's fate	**Schicksal** seinem Schicksal entgegengehen
doom [duːm] *n uncount*	**Schicksal, Verhängnis**
insecurity *n*	**Unsicherheit**
uncertainty *n*	**Ungewissheit**
burden sb with sth *v*	**jdn mit etw belasten**
weighed down (with care) *adj*	**(von Sorgen) belastet**

pleasure ['pleʒɚ] *n* — **Vergnügen, Freude**
carefree *adj* — **unbeschwert, sorglos, unbekümmert**

1.3 The Capitol

The Capitol

The Capitol, as its name suggests, is the capital of Panem. It is tucked away behind the Rocky Mountains. Visitors from the Districts are always deeply impressed by its **magnificent architecture**. The buildings are painted in colourful **hues**; everything is **bright** and **glistening**.

1.3.1 Setting

be located near sth *v* — **sich in der Nähe von etw befinden**

natural barrier ['beriɚ] *n* — **natürliche Schranke, Grenze**
High mountains, deep and wide rivers, or large lakes function as natural barriers between regions. — Hohe Berge, tiefe und breite Flüsse oder große Seen dienen als natürliche Grenzen zwischen Regionen.

accessibility *n* — **Erreichbarkeit**
≠ inaccessibility
limited ['lɪmɪţɪd] *adj* — **eingeschränkt, begrenzt**
fenced off (by) *adj* — **abgegrenzt (durch)**
tunnel ['tʌnᵊl] *n* — **Tunnel**

architecture ['ɑ:rkətektʃɚ] *n* — **Architektur**
grandeur ['grændʒɚ] *n* — **Pracht**
magnificence *n* — **Großartigkeit**
‣ magnificent — ‣ großartig
impressive *adj* — **beeindruckend**
breathtaking ['breθˌteɪkɪŋ] *adj* — **atemberaubend**
hue [hju:] *n* — **Farbton, Schattierung**
bright [braɪt] *adj* — **hell, leuchtend**
glistening *adj* — **gleißend**

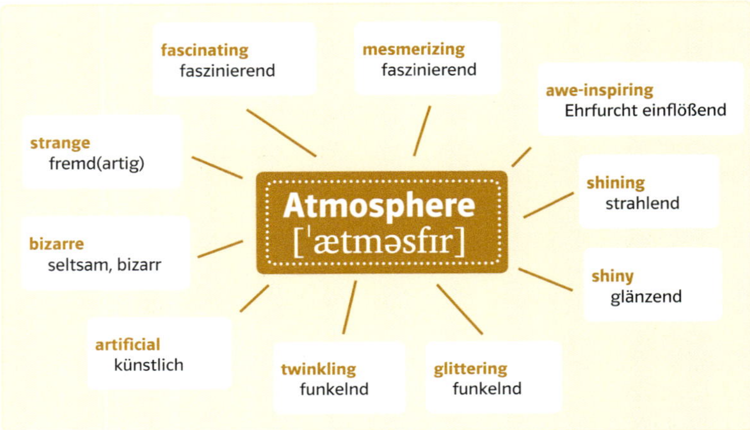

City Circle ['sɜːrkᵊl] *n* — *hier:* **Stadtring**
The City Circle is the most important section of the Capitol. — Der Stadtring ist der bedeutendste Teil des Capitol.
avenue ['ævənjuː] *n* — **Allee, breite Hauptstraße**
spacious ['speɪʃəs] *adj* — **geräumig, weitläufig**
prestigious [pres'tɪʤəs] *adj* — **angesehen, Prestige-**
residence *n* — **Residenz, Amtssitz**
comfort ['kʌmfɚt] *n* — **Bequemlichkeit, Annehmlichkeit**
plush *adj* — **nobel, feudal**

1.3.2 Society & lifestyle

1.3.2.1 Appearance & lifestyle

lifestyle *n* — **Lebensstil, -weise**
fancy ['fænsi] *adj* — **ausgefallen**
flamboyant [flæm'bɔɪənt] *adj* — **aufwendig, üppig**
live an easy life *v* — **ein leichtes Leben führen, haben**
luxury ['lʌkʃᵊri] *n* — **Luxus, Überfluss, Komfort**
splendor ['splendɚ] *n (AE)* — **Pracht, Großartigkeit**
extravagant *adj* — **aufwendig, extravagant**

(outward) appearance *n*	**(äußeres) Erscheinungsbild, Aussehen**
= look	
cosmetic surgery *n*	**Schönheitschirurgie, -operation**
modification *n*	**Veränderung**
▸ modify *(verb)*	
(self-)alteration *n*	**Veränderung (an sich selbst)**
skin *n uncount*	**Haut**
dye (one's skin)	(seine Haut) färben
tattooed (skin)	tätowiert(e Haut)
depilated	enthaart
Many Capitol citizens modify their skin: they dye their bodies, are tattooed all over and completely depilated.	Viele Bürger des Capitol verändern ihre Haut: sie färben ihre Körper, sind überall tätowiert und komplett enthaart.

Fashion

Capitol people think their **fashion** is **stylish**. To outsiders their way of dressing is **freakish**, even **hideous**. Everybody, male or female, is **heavily made up** in **garish** colours like aqua.

fashion *n*	**Mode**
stylish [ˈstaɪlɪʃ] *adj*	**modisch**
freakish *adj*	**ausgeflippt, verrückt**
hideous [ˈhɪdiəs] *adj*	**grauenhaft, scheußlich**
(heavily) made up *adj*	**(stark) geschminkt**
exaggerated *adj*	**übertrieben**
garish [ˈgerɪʃ] *adj*	**grell, knallbunt**

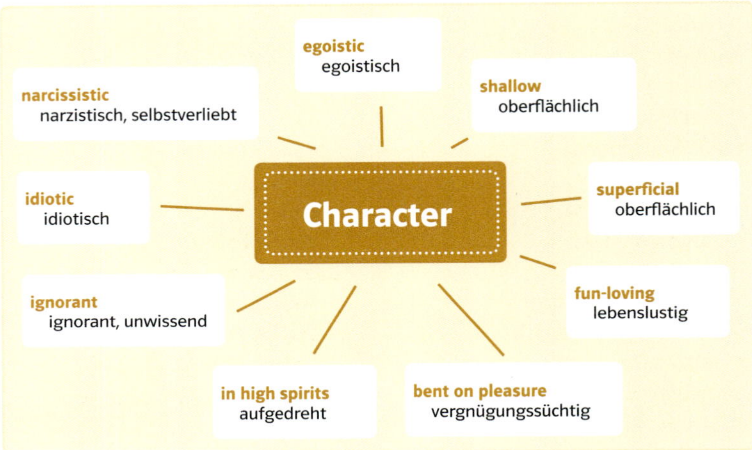

1.3.2.2 Character & language

accent [ˈæksᵊnt] *n* — **(regionaler) Akzent**

intonation *n uncount* — **Intonation, Sprachmelodie**

Capitol people have strange intonation: their voices always go up at the end of sentences instead of down, as if they were asking questions.

Die Leute des Capitol haben eine sonderbare Sprachmelodie: ihre Stimmen gehen am Ende eines Satzes immer nach oben statt nach unten, als würden sie Fragen stellen.

peculiar [pɪˈkjuːliə] *adj* — **eigenartig, seltsam, sonderbar**

= odd

Some vowels in the Capitol accent sound peculiar or odd.

Einige Vokale im Capitol-Akzent hören sich seltsam oder eigenartig an.

hiss *n* — **Zischen**

In British English, the consonant "s" sometimes sounds like a hiss.

Im britischen Englisch hört sich der Konsonant "s" manchmal wie ein Zischen an.

clipped (words) *adj* — **abgehackt** *(gesprochene Wörter)*

high-pitched (voice) *adj* — **schrill** *(Stimme)*

chatter *v*	**plappern, schwätzen, quasseln**
= babble	
= babble (on)	
gibberish [ˈdʒɪbərɪʃ] *n*	**Geschnatter, Kauderwelsch**

1.3.2.3 Economy & technology

economy [ɪˈkɑːnəmi] *n*	**Wirtschaft**
economic system	Wirtschaftssystem
rely on *v*	**sich verlassen auf**
trade *n*	**Handel**
do business [ˈbɪznɪs] *v*	**Geschäfte machen, handeln**
one-sided *adj*	**einseitig**
balanced *adj*	**ausgewogen, im Gleichgewicht**
≠ imbalanced	
supply sb with sth *v*	**jdm etw liefern, jdn mit etw versorgen**
consumer [kənˈsuːmər] *n*	**Verbraucher(in)**
need *n*	**Bedürfnis**
demand [dɪˈmænd] *n*	**Forderung, Verlangen, Nachfrage**
exploitation *n*	**Ausbeutung**
The economy of Panem is based on the exploitation of the Districts.	Die Wirtschaft Panems basiert auf der Ausbeutung der Districts.

technology [teknɑːlədʒi] *n*	**Technologie**
‣ technological	‣ technologisch
progress [ˈprɑːgres] *n*	**Fortschritt**
advanced [ədˈvɑːnst] *adj*	**hochentwickelt**
= sophisticated	
(the very) latest *adj*	**das Neueste (vom Neuen)**
gadget [ˈgædʒɪt] *n*	**Gerät, Vorrichtung, technische Spielerei**
equipment *n*	**Ausstattung, Ausrüstung**
(domestic) appliance [əˈplaɪəns] *n*	**(Haushalts-)Gerät**

1.3.3 Role of the Capitol: government system & rules

1.3.3.1 Role of the Capitol & government

seat of government *n*	**Regierungssitz**
center of power *n AE*	**Machtzentrum**
After the rebellion, the Capitol became the sole center of power in Panem.	Nach der Rebellion wurde das Capitol das einzige Machtzentrum in Panem.
might [maɪt] *n*	**Stärke, Macht**
supremacy [səˈpreməsi] *n*	**Vormachtstellung, Vorherrschaft**
dominance (over) *n*	**Vorherrschaft, Dominanz (über)**
power *n*	**Macht(fülle)**
display of power	Machtentfaltung
secure power	Macht sichern
have power over	Macht haben über
exercise power	Macht ausüben
abuse power	Macht missbrauchen

government *n*	**Regierung**
regime *n*	**Regime, Herrschaft**
totalitarian regime	totalitäres Regime
authoritarian	autoritäres Regime
dictatorship *n*	**Diktatur**
▸ dictator	
president [ˈprezɪdənt] *n*	**Präsident(in)**
leader *n*	**Anführer(in)**
ruler *n*	**Herrscher(in)**
hierarchy [ˈhaɪrɑːrki] *n*	**Hierarchie**
class-based society *n*	**Klassengesellschaft**
Panem is a class-based society, and District 12 is right at the bottom of it.	District 12 ist ganz unten in Panems Klassengesellschaft.

injustice *n*	**Ungerechtigkeit**
≠ justice	
cruelty [ˈkruːəlt̬i] *n*	**Grausamkeit**
contempt [kənˈtempt] *n uncount*	**Verachtung**
despise (sb) [dɪˈspaɪz] *v*	**(jdn) verachten**
look down upon sb *v*	**auf jdn herabsehen**

(feeling of) superiority *n*	**Überlegenheits(gefühl)**
equality *n*	**Gleichheit, Gleichberechtigung**
≠ inequality	
civil rights *n*	**Bürgerrechte**
human right(s)	Menschenrecht(e)

1.3.3.2 Laws & rules: enforcement

law [lɑ:] *n*	**Gesetz**
In democratic societies, laws are passed by Parliament.	In demokratischen Gesellschaften werden Gesetze vom Parlament verabschiedet.
rule *n*	**Gesetz, Regel**
allow [əˈlaʊ] *v*	**erlauben, zulassen**
≠ forbid	≠ verbieten, untersagen
permission [pɚˈmɪʃən] *n uncount*	**Erlaubnis, Genehmigung**
‣ permit *(verb)*	
prohibition *n*	**(amtliches) Verbot**
‣ prohibit *(verb)*	‣ **(amtlich)** verbieten, untersagen
obligation [ˌɑ:bləˈgeɪʃən] *n*	**Verpflichtung**
be obliged to do sth	verpflichtet sein etw zu tun
force sb to do sth *v*	**jdn zwingen etw zu tun**
regulate sth *v*	**etw regulieren**
Laws and rules regulate how we live together in a society.	Gesetze und Regeln regulieren die Art und Weise des Zusammenlebens in der Gesellschaft.

Rules and laws

What citizens of the Districts are forbidden to do:

disregard (the rules) *v*	**(die Regeln) missachten**
disobey [ˌdɪsəˈbeɪ] *v*	**nicht gehorchen**
criticize the Capitol *v*	**das Capitol kritisieren**
make jokes about the Capitol *v*	**sich über das Capitol lustig machen**
demonstrate *v*	**demonstrieren**

protest [proʊˈtest] *v*	**protestieren**
leave one's district *v*	**seinen District verlassen**
go hunting *v*	**auf die Jagd gehen**
poach [poʊtʃ] *v*	**wildern**
keep (back) equipment or crops meant for the Capitol *v*	**Ausrüstung oder Ernteerträge, die für das Capitol bestimmt sind, (zurück-)behalten**

Duties

What citizens of the Districts must do:

provide "tributes" *v*	**"Tribute" stellen**
Each District must provide two "Tributes": young people who take part in the Hunger Games.	Jeder District muss zwei "Tribute" stellen: das sind junge Menschen, die an den "Hunger Games" teilnehmen.
stick to the rules *v*	**sich an die Regeln halten**
obey all rules and laws *v*	**alle Regeln und Gesetze befolgen**
submit to punishment *v*	**sich der Bestrafung unterwerfen**
supply the Capitol [səˈplaɪ] *v*	**das Capitol versorgen**
go to work *v*	**zur Arbeit gehen**
Reaping *n*	**Ernten, Mähen** *(hier: Auslosung der Tribute)*
Reaping Day	
‣ reap	‣ abernten, mähen
The drawing (by lottery) of the tributes, which is called "The Reaping", is one of the few ceremonies that everybody in Panem has to attend.	Die Auslosung der Tribute, "Ernte" genannt, ist eine der wenigen Zeremonien, an der jeder in Panem teilnehmen muss.
watch the Hunger Games *v*	**sich die Hungerspiele ansehen**
make do with rations *v*	**mit den Rationen auskommen**
stay in the District *v*	**im District bleiben**

peacekeeper *n*	*hier:* **Friedenswächter(in)**
The Peacekeepers' function is not so much to keep the peace but to ensure that the rules are kept, and to control the citizens.	Die Aufgabe der Friedenswächter besteht nicht so sehr darin, den Frieden zu wahren, sondern sicherzustellen, dass die Regeln eingehalten werden, und die Bürger zu kontrollieren.
official *n*	**Funktionär(in), Beamte(r)**
informer *n*	**Informant, Spitzel, Spion**
check *v*	**kontrollieren, überprüfen**
check attendance	die Anwesenheit überprüfen
take hostages *v*	**Geiseln nehmen**
Katniss fears that her family will be taken hostage.	Katniss befürchtet, dass ihre Familienangehörigen als Geiseln genommen werden.
sacrifice [ˈsækrɪfaɪs] *n*	**Opfer(gabe)**
= offering	
The Capitol demands "tributes" from the Distiricts as sacrifices.	Das Capitol verlangt "Tribute" von den Distrikten als Opfer.

1.3.4 The effect of the regime on society

1.3.4.1 Effects on the body and mind

The effects of Panem on the body and mind

The **harsh living conditions** effect people's bodies and minds, especially in the poorer districts, where often **basic needs** are not met due to the **inadequate provision** of even basic necessities like **food**, health care and social security.
*Die **harten Lebensbedingungen** haben Auswirkungen auf Körper und Seele der Menschen, besonders in den ärmeren Distrikten, in denen **Grundbedürfnisse** häufig nicht gestillt werden wegen der **Unterversorgung** mit dem Lebensnotwendigen, z.B. **Nahrung**, Gesundheits- und Sozialfürsorge.*

basic necessities (of life) *n*	**das Lebensnotwendige**
starvation *n*	**Verhungern, Hungersnot**
▸ starve (to death)	▸ verhungern

emaciated *adj*	**(stark) abgemagert**
scrawny [ˈskrɑːni] *adj*	**dürr**
(low) life expectancy *n*	**(niedrige) Lebenserwartung**
premature (death) *adj*	**frühzeitig(er Tod)**
infant mortality *n*	**Kindersterblichkeit**
(infectious) disease [dɪˈziːz] *n*	**(ansteckende, Infektions-)Krankheit**
= illness	
pneumonia [nuːˈməʊniə] *n uncount*	**Lungenentzündung**
flu [fluː] *n (coll)*	**Grippe**

curb sth [kɜːrb] *v*	**etw bremsen, beeinträchtigen**
development *n*	**Entwicklung**
mental development	
intellectual development	
impede [ɪmˈpiːd] *v*	**erschweren, verhindern**
= hinder	
indifference *n*	**Gleichgültigkeit**
acceptance *n*	**Akzeptanz, Annahme**
lose (one's courage to face life) *v*	**(seinen Lebensmut) verlieren**

Feelings

- **joyless** freudlos
- **disillusioned** desillusioniert, enttäuscht
- **subdued** fügsam, gedrückt
- **apathetic** apathisch
- **despondent** niedergeschlagen, mutlos
- **defenseless** schutzlos
- **impotent** ohnmächtig, machtlos
- **worthless** wertlos
- **inferior** unterlegen

1.3.4.2 Disparities between the Capitol & Districts

disparity [dɪˈspærət̬i] *n*	**Ungleichheit**
social disparity	
economic disparity	
differ (from) *v*	**sich unterscheiden (von)**
aspect *n*	**Aspekt, Bereich**
Life in the Capitol differs from life in the Districts in many aspects.	Das Leben im Capitol unterscheidet sich vom Leben in den Distrikten in vielen Bereichen.
shortage [ˈʃɔːrt̬ɪdʒ] *n*	**Mangel, Knappheit**
≠ opulence	≠ Fülle, Üppigkeit, Überfluss
prosperity [prɑːˈsperət̬i] *n uncount*	**Reichtum, Wohlstand**
≠ poverty	≠ Armut
arrogance [ˈerəgən(t)s] *n*	**Arroganz, Überheblichkeit**
privileged *adj*	**privilegiert, bevorzugt**
≠ underprivileged	≠ benachteiligt, unterprivilegiert

basic needs *n (pl)*	**Grundbedürfnisse**
meet sb's basic needs	jds Grundbedürfnisse erfüllen
scarcity *n*	**Knappheit**
≠ affluence	≠ Überfluss
malnutrition [ˌmælnjuːˈtrɪʃn] *n*	**Unterernährung**
▸ be malnourished	▸ unterernährt sein
inadequate provision	**Unterversorgung**
food [fuːd] *n uncount*	**Nahrung, Ernährung**
rich food	reichhaltiges, üppiges Essen
Food is scarce in District 12.	Essen ist knapp im Distrikt 12.
stale (bread) *adj*	**altbacken(es Brot)**
refined bread	Brot aus feinem Mehl

1.4 Oppression, punishment & rebellion

1.4.1 Oppression

submission *n*	**Unterwerfung**
‣ submit (to)	‣ sich unterwerfen (unter)
dominance (over) *n*	**Vorherrschaft, Dominanz (über)**
oppression *n*	**Unterdrückung**
‣ oppress	‣ unterdrücken
‣ oppressive	‣ repressiv, (er-)drückend
‣ oppressed	‣ Unterdrückte(r)
dictate [ˈdɪkteɪt] *v*	**diktieren, aufzwingen**
tyranny [ˈtɪrəni] *n*	**Tyrannei**
impose one's will on sb [ɪmˈpəʊz] *v*	**jdm seinen Willen aufzwingen**
ruthless [ˈruːθləs] *adj*	**unbarmherzig**
= merciless	

---

humiliation [hjuːˌmɪliˈeɪʃən] *n*	**Demütigung, Erniedrigung**
‣ humiliate sb	‣ jmdn demütigen, erniedrigen
intimidation *n*	**Einschüchterung**
‣ intimidate *(sb)*	‣ (jdn) einschüchtern
tessera *n (pl: tesserae)*	*hier:* **Essensgutschein** *(eigentlich: Mosaikstein)*
(grain) ration *n*	**(Getreide-)ration**
withhold information *v* withheld, withheld	**Informationen zurückhalten, verweigern**
prevent communication *v*	**Kommunikation verhindern**
sow the seeds of discord [soʊ] *v*, sowed, sown/sowed	**Zwietracht säen**

1.4.2 Punishment

(severe) punishment [səˈvɪr] *n*	**(harte) Bestrafung, Strafe**
inappropriate punishment	unangemessene Bestrafung
‣ punish	‣ (be-)strafen
inflict (up)on *v*	**verhängen, auferlegen**
death penalty [penəltɪ] *n*	**Todesstrafe**
sentence sb to death	jdn zum Tod verurteilen

(public) execution *n*	**(öffentliche) Hinrichtung**
▸ be executed	▸ hingerichtet werden
be shot for sth *v*	**wegen, für etw erschossen werden**
kill sb on the spot *v*	**jdn auf der Stelle töten, umbringen**

corporal punishment *n*	**körperliche Züchtigung**
(public) whipping *n*	**(öffentliche) Auspeitschung**
mutilate sb *v*	**jdn verstümmeln**
= maim sb	
cut out sb's tongue *v*	**jdm die Zunge herausschneiden**
The Avox are people whose tongues have been cut out in punishment for disobeying the rules.	Die Avox (Stimmlosen) sind Menschen, deren Zungen herausgeschnitten wurden als Bestrafung dafür, dass sie die Regeln missachteten.
take sb into custody *v*	**jdn verhaften**
imprisonment [ɪmˈprɪznmənt] *n*	**Inhaftierung**
▸ be imprisoned	▸ in Haft sein

1.4.3 Rebellion

1.4.3.1 Breaking the rules

break the rules *v*	**die Regeln brechen**
transgression *n*	**(Regel-)verstoß, Überschreitung, Verletzung**
= violation	
challenge *n*	**Herausforderung**
defiance [dɪˈfaɪən(t)s] *n*	**Trotz, Auflehnung**
▸ defy	▸ sich widersetzen, trotzen
resistance [rɪˈzɪstəns] *n uncount*	**Widerstand**
rebel against sb *v*	**(gegen jdn) rebellieren**
revolt (against) *n*	**Aufstand, Rebellion (gegen)**
insurgence *n*	**Aufstand, Aufruhr**

escape [ɪˈskeɪp] *v*	**entfliehen, entkommen**
‣ escape	‣ Flucht
take refuge in [ˈrefju:ʤ] *v*	**Zuflucht nehmen in**
overcome (difficulties) *v* overcame, overcome	**(Schwierigkeiten) überwinden**
live through sth *v*	**etw überleben, durchleben**
leave the district *v*	**den Distrikt verlassen**
retire into os [rɪˈtaɪɚ] *v*	**sich auf sich selbst zurückziehen**
stay true to os *v*	**sich selbst treu bleiben**
give up *v*	**aufgeben**

1.4.3.2 Struggling to survive: motives, strategies & impediments

will to survive *n*	**Überlebenswillen**
survival skills *n (pl)*	**Überlebenstechniken**
determination [dɪˌtɜ:rmɪˈneɪʃən] *n*	**Entschlossenheit, Entschiedenheit**
revenge [rɪˈvendʒ] *n*	**Rache**
take revenge on sb for sth	sich an jdm für etw rächen
fury [ˈfjʊri] *n uncount*	**Wut**
self-esteem *n*	**Selbstwertgefühl**
responsibility [rɪˌspɒnsəˈbɪləti] *n*	**Verantwortung**
One of Katniss's strongest motivations to survive the Hunger Games is her feeling of responsibility for her family.	Für Katniss ist ihr Gefühl der Verantwortlichkeit ihrer Familie gegenüber eines der stärksten Motive, die Hungerspiele zu überleben.

Strategies

In their struggle for survival, the tributes use such strategies as:

rely on one's skills *v*	**sich auf seine Fähigkeiten verlassen**
make use of one's skills *v*	**seine Fähigkeiten einsetzen**
mobilize one's powers *v*	**seine Kräfte mobilisieren**
grab chances *v*	**Chancen ergreifen**
cope with danger *v*	**mit Gefahr zurechtkommen**
appeal to the audience *v*	**an die Zuschauer appellieren**
pretend (to be in love) *v*	**so tun als ob (man verliebt sei)**
conceal one's strength *v*	**seine Kraft/Stärke verstecken**
outsmart sb *v*	**jdn austricksen**
outfox sb *v*	**jdn überlisten, austricksen**
find an ally [ˈælaɪ] *v*	**einen Komplizen, eine Komplizin finden**
team up with sb *v*	**sich mit jdm zusammentun**

impediment [ɪmˈpedɪmənt] *n*	**Hindernis**
insurmountable impediment	unüberwindliches Hindernis
mental (physical) fitness *n*	**geistige (körperliche) Fitness**
feeling of impotence [ˈɪmpət̬ən(t)s] *n*	**Gefühl der Machtlosigkeit**
feeling of inferiority	Minderwertigkeitsgefühl
feeling of vulnerability	Gefühl der Verletzbarkeit
feeling of inadequacy	Gefühl der Unzulänglichkeit
(emotional) pressure *n*	**(emotionaler) Druck**
ruse [ruːz] *n*	**Trick**
rigged [rɪgd] *adj*	**manipuliert, verkabelt**
The match was rigged! No way were they a better team!	Das Spiel wurde manipuliert! Keineswegs war sie die bessere Mannschaft!
cruelty [ˈkruːəlt̬i] *n*	**Grausamkeit**

2.1 History and rules

The history of the Hunger Games

In the **Uprising**, the Districts **rose up against** the Capitol, but their rebellion suffered **defeat**. In the **Treaty of Treason**, the Capitol introduced the Hunger Games as a **punishment** and annual **reminder** of their defeat. The rules of these games were, of course, dictated by the Capitol.
*In einem **Aufstand erhoben sich** die Distrikte gegen das Capitol, aber ihre Rebellion erlitt eine **Niederlage**. Im **Hochverratsvertrag** führte das Capitol die Hungerspiele ein als **Strafe** und jährliche **Erinnerung** an ihre Niederlage. Die Regeln für diese Spiele wurden selbstverständlich vom Capitol diktiert.*

uprising *n*	**Aufstand**
rise up against *v*	**sich erheben gegen**
defeat [dɪˈfiːt] *n*	**Niederlage**
surrender [səˈrendɚ] *v*	**sich unterwerfen, kapitulieren**
treaty [ˈtriːt̬i] *n*	**Vertrag, Abkommen**
Treaty of Treason	
punishment [ˈpʌnɪʃmənt] *n uncount*	**Strafe, Bestrafung**
impose sth on sb *v*	**jdm etw auferlegen, jdn zu etw zwingen**
reminder [rɪˈmaɪndɚ] *n*	**Erinnerung, Mahnung**
tribute [ˈtrɪbjuːt] *n*	**Tribut, Zwangsabgabe** *(hier: von den Distrikten zu stellende Teilnehmer an den Hunger Games)*
sacrifice [ˈsækrɪfaɪs] *n*	**Opfer**

The rules of the Hunger Games	
These are the basic rules for the Hunger Games:	
Survive.	**Überlebe.**
The winner is the last one standing.	**Gewinner ist, wer zum Schluss noch lebt.**
Fight to the death.	**Kämpfe um Leben und Tod.**
Do not befriend other tributes. [bɪˈfrend]	**Gehe keine Freundschaft mit anderen Tributen ein.**
Show no mercy. [ˈmɜːrsi]	**Zeige kein Mitleid, kein Erbarmen.**
Do not step off launch pad for 60 seconds. [lɑːn(t)ʃ]	**Gehe nicht von der Startrampe vor dem Ablauf von 60 Sekunden.**
No training in weapons or hand-to-hand fighting for potential tributes (except for the Careers).	**Kein Waffen- oder Faustkampf-training für potentielle Tri-bute. (Ausnahme: Karrieros).**
No cannibalism.	**Kein Kannibalismus.**
Be entertaining (to win sponsors).	**Sei unterhaltsam (um Sponsoren zu gewinnen).**
Make the Capitol look good.	**Lass das Capitol gut aussehen.**
Demonstrate total obedience to the Capitol. [oʊˈbiːdiən(t)s]	**Zeige dem Capitol gegenüber totalen Gehorsam.**
Follow the gamemakers' plots and strategies.	**Befolge die Pläne der Spiel-macher.**

2.2 The "Tributes"

lottery *n* — **Lotterie**
- take part in a lottery — an einer Lotterie teilnehmen, sich an einer Lotterie beteili-gen

choice *n* — **Wahl(möglichkeit), Entscheidung**
random choice — Zufallsauswahl

be picked *v* — **ausgewählt werden**

The tributes' roles

- **representative** Repräsentant(in), Vertreter(in)
- **participant** Teilnehmer(in)
- **contestant** Kandidat(in), Mitbewerber(in)
- **competitor** Konkurrent(in), Rivale, Rivalin
- **survivor** Überlebende(r)
- **victor** Gewinner(in)
- **loser** Verlierer(in)
- **pawn (in a game)** [pɑ:n] Pfand, Schachfigur (Bauer)
- **marionette** Marionette
- **victim** Opfer

chance *n*	**Zufall, Chance**
= odds *(pl)*	
not stand a chance	keine Chance haben
improve the chances	die Chancen verbessern
luck *n uncount*	**Glück, glücklicher Zufall**

Tributes' feelings

The things which tributes (apart from the Careers) often feel:

terrified *adj*	**(richtig) erschrocken**
scared [skerd] *adj*	**ängstlich**
cheated *adj*	**betrogen, hereingelegt**
betrayed *adj*	**verraten**
tricked *adj*	**hereingelegt**
exploited *adj*	**ausgebeutet**
manipulated *adj*	**manipuliert**
confused *adj*	**verwirrt**
helpless *adj*	**hilflos**
despised *adj*	**verachtet**
inferior [ɪnˈfɪriɚ] *adj*	**unterlegen**
rebellious *adj*	**rebellisch**

Career (Tribute) *n*	*hier:* **Karriero** *(Tribute aus den ersten Distrikten, die von Geburt an auf ihre Teilnahme an den Hungerspielen vorbereitet werden. Sie melden sich freiwillig an.)*
volunteer [ˌvɑːlənˈtɪr] *n*	**Freiwillige(r)**
honor [ˈɑːnɚ] *n (AE)*	**Ehre**
For the Careers, it is a great honor to be chosen as a tribute for their district.	Für die Karrieros bedeutet es eine große Ehre, als Tribut für ihren Distrikt ausgewählt zu werden.
bring up to win *v*	**zum Siegen erziehen**
trained *adj*	**ausgebildet, trainiert, geschult**
well-fed *adj*	**gut ernährt**
have an advantage over sb [ədˈvɑːntɪdʒ] *v*	**jdm gegenüber im Vorteil sein**
well equipped *adj*	**gut ausgerüstet**
handle weapons *v*	**mit Waffen umgehen**
physically fit [ˈfɪzɪkəli] *adj*	**körperlich fit**
(feeling of) superiority *n*	**Überlegenheits(gefühl)**
arrogance [ˈerəɡən(t)s] *n*	**Arroganz, Überheblichkeit**

Career tributes are:

- **ruthless** – unbarmherzig, rücksichtslos
- **monstrous** – monströs, grässlich
- **contemptuous** – herablassend, voller Verachtung
- **vicious** [ˈvɪʃəs] – bösartig, gewaltsam, aggressiv
- **cunning** – verschlagen, gerissen
- **brutal** – brutal
- **cruel** – grausam
- **mean** – gemein
- **unscrupulous** – skrupellos
- **evil** – böse
- **dangerous** – gefährlich

2.3 Ceremonies; getting ready for the Games

2.3.1 The "Reaping"

Reaping *n*	**Ernten, Mähen** *(hier: Auslosung der Tribute)*
Reaping Day	
‣ reap	‣ abernten, mähen
The drawing (by lottery) of the tributes, which is called "The Reaping", is one of the few ceremonies that everybody in Panem has to attend.	Die Auslosung der Tribute, "Ernte" genannt, ist eine der wenigen Zeremonien, an der jeder in Panem teilnehmen muss.
public drawing (of names) *n*	**öffentliche Ziehung (der Namen)**
broadcast (live) [ˈbrɑːdkæst] *v*	**(öffentlich, live) ausstrahlen, senden, (direkt) übertragen**
= televise	
nationwide *adj*	**landesweit**
annual [ˈænjuəl] *adj*	**jährlich**
big screen	**Großleinwand, Bildschirm**
(national) anthem [ˈænθəm]	**(National-)Hymne**

attendance [əˈtendᵊns] *n uncount*	**Anwesenheit**
required attendance	vorgeschriebene Anwesenheit
obligatory attendance	obligatorische Anwesenheit
official *n*	**Beamte(r), Funktionär(in), Offizielle(r)**
escort [ˈeskɔːrt] *n*	**Begleiter(in)** *(hier: vom Capitol abgestellte Person, die die Tribute begleitet)*
dress up (for the occasion) *v*	**sich (für die Gelegenheit) fein-machen**
to add insult to injury *v*	**wie zum Hohn**

2.3.2 Mentors

The mentor's tasks

A mentor, who is always a former victor, accompanies the two tributes from his or her district. His or her tasks include **whipping** the tributes **into shape**, and later supervising their actions in the arena in order to win **sponsors**.

*Ein Mentor – ein früherer Sieger – begleitet die beiden Tribute aus seinem Distrikt. Seine Aufgaben beinhalten, die Tribute **körperlich auf Vordermann zu bringen** und später ihre Aktionen in der Arena zu überwachen, um **Sponsoren** zu gewinnen.*

coach *v*	**vorbereiten, trainieren, coachen**
advise *v*	**beraten**
instruct *v*	**instruieren, unterweisen**
whip into shape *v*	**auf Zack bringen**
guide [gaɪd] *v*	**führen, anleiten**
develop a strategy *v*	**eine Strategie entwickeln**
win, drum up sponsors *v*	**Sponsoren beschaffen**
negotiate *v*	**verhandeln**
negotiate with sponsors *v*	**mit Sponsoren verhandeln**

2.3.3 Getting ready

Remake Center *n (AE)* ▸ remake The tributes have to be smartened up in the Remake Center in order to appear attractive to the audience.	*hier:* **Erneuerungszentrum** ▸ erneuern, besser machen Im Erneuerungszentrum müssen die Tribute verschönert werden, um den Zuschauern eine attraktive Erscheinung zu bieten.
(physical) appearance *n*	**(äußeres) Erscheinungsbild**
beautify [ˈbjuːt̬əfaɪ] *v* = smarten sb up	**verschönern**
primp sb *v*	**jdn stylen, aufwendig zurechtmachen**
stylist *n*	**(Mode-)Stylist(in)**
make-up artist *n*	**Visagist(in)**

Training Center *n*	**Trainingszentrum**
In the Training Center, the tributes can improve their survival skills.	Im Trainingszentrum können die Tribute ihre Überlebenstechniken verbessern.
gym(nasium) [dʒɪmˈneɪziəm] *n*	**Turnhalle, Fitnessraum**
training session *n*	**Trainingseinheit**
station *n*	*hier:* **Lernstation**
obstacle course *n*	**Hindernisparcours, ~strecke**
instructor [ɪnˈstrʌktɚ] *n*	**Ausbilder(in)**
learn a skill *v*	**sich eine Fähigkeit aneignen**
fighting technique *n*	**Kampftechnik**
learning how to use weapons	**Umgang mit Waffen lernen**
survival skills *n (pl)*	**Überlebenstechniken**
camouflage [ˈkæməflɑː(d)ʒ] *n*	**Tarnung, Kamouflage**
score [skɔːr] *n*	**Punktestand**

Opening Ceremony *n*	**Eröffnungszeremonie, ~feier**
The final step before the Hunger Games start in earnest is the Opening Ceremony in the Capitol.	Der letzte Schritt vor dem tatsächlichen Start der Hungerspiele ist die Eröffnungszeremonie im Capitol.
make one's appearance *v*	**seinen (ihren) Auftritt haben**
parade past sb (sth) [pəˈreɪd] *v*	**an jdm (etw) vorbeidefilieren**
chariot [ˈtʃeriət] *n*	**Streit-, Triumpfwagen**
crowd-lined (streets) *n*	**von Menschen gesäumt(e Straßen)**
mansion [ˈmæn(t)ʃən] *n*	**Villa, Schloss**
welcome speech *n*	**Begrüßungsansprache**

Launch Room [lɔːnʃ] *n*	*hier:* **Startraum, Abschussraum**
launching pad	Abschussrampe
catacomb [ˈkæt̬əkoʊm] *n*	**Katakombe**
stockyard *n*	**Schlachthof**
tracking device *n*	**Peilsender**
insert sth *v*	**etw einsetzen**
hovercraft *n*	**Luftkissenfahrzeug** *(eigentlich: Luftkissenboot)*

2.4 The role of the Gamemakers

gamemaker *n*	**Spielmacher(in)**
set the rules *v*	**die Regeln festlegen**
change the rules	die Regeln ändern
revoke the rules	die Regeln rückgängig machen
design (the Hunger Games) [dɪˈzaɪn] *v*	**(die Hungerspiele) entwerfen**
establish (basic conditions) *v*	**(Rahmenbedingungen) festlegen**
structure (the course of events) [ˈstrʌktʃɚ] *v*	**(den Verlauf der Ereignisse) gestalten**
influence sth *v*	**etw beeinflussen**

The Gamemakers' devices

The Gamemakers use numerous **tricks** and devices to influence the course of the Games.

impose challenges on sb *v*	**jdm Aufgaben, Herausforderungen auferlegen**
devise tricks *v*	**sich Tricks ausdenken**
intervene with (the action) *v*	**in (den Spielverlauf) eingreifen**
interfere with (nature) *v*	**in (die Natur) eingreifen**
manipulate (the tributes) *v*	**(die Tribute) manipulieren**
manipulate the weather *v*	**das Wetter manipulieren**
engineer (the environment) *v*	**(die Umgebung) konstruieren**
start an attack *v*	**einen Angriff starten**
send out muttations *v*	**Muttationen ausschicken**

guarantee (a dramatic showdown) *v*	**(einen dramatischen Showdown) garantieren**
increase the suspense *v*	**die Spannung erhöhen**
create suspense	Spannung erzeugen
humor the audience [ˈhjuːmɚ] *v*	**die Zuschauer bei Laune halten**
please the audience	den Zuschauern gefallen
entertain the audience	die Zuschauer zufriedenstellen
fail to entertain the audience	den Zuschauern missfallen
bore the audience	die Zuschauer enttäuschen
avoid boredom [əˈvɔɪd] *v*	**Langeweile vermeiden**

2.5 The setting: the Arena & its creatures

2.5.1 The arena & its environment

environment [ɪnˈvaɪrᵊnmənt] *n sing*	**Umwelt, Umgebung**
artificial environment	künstliche Umgebung
surreal environment	surreale, unwirkliche Umgebung
landscape *n*	**Landschaft**
constantly changing *adj*	**ständig wechselnd**
climate [ˈklaɪmɪt] *n uncount*	**Klima**
tamper with sth *v*	**sich an etw zu schaffen machen, manipulieren**
historic site *n*	**geschichtlich bedeutsamer Ort**
After the Games, the Arena becomes a historic site so that people can visit it.	Nach den Spielen wird die Arena zu einem Gedenkort, einer historischen Stätte, so dass man sie besuchen kann.
preserve sth [prɪˈzɜːrv] *v*	**etw konservieren, erhalten**
(vacation) destination *n (AE)*	**(Urlaubs-)Ziel**
= holiday destination *(BE)*	

terrain [terˈeɪn] *n*	**Gelände, Terrain**
desert [ˈdezɚt] *n*	**Wüste**
barren [ˈberən] *adj*	**karg, unfruchtbar**
frozen rigid *adj*	**eiskalt, eisig**
swamp [swɑːmp] *n*	**Sumpf**
forest *n (AE)*	**Waldgebiet**
= woods, woodland *(BE)*	
varied *adj*	**abwechslungsreich**
≠ monotonous	≠ abwechslungslos, monoton
rigged [rɪgd] *adj*	**manipuliert, verkabelt**
The match was rigged! No way were they a better team!	Das Spiel wurde manipuliert! Keineswegs war sie die bessere Mannschaft!
mined [maɪnd] *adj*	**vermint**
booby trap *n*	**Sprengfalle, versteckte Sprengladung**

2.5.2 Cornucopia & the initial bloodbath

cornucopia [ˌkɔːrnəˈkoʊpiə] *n (old, fml)*	**Füllhorn**
cone [koʊn] *n*	**Kegel**
spill over with sth *v*	**überquellen vor etw**
"The Cornucopia spilled over with the things that will give us life here in the arena."	"Der Füllhorn überquellte vor den Gegenständen, die uns hier in der Arena das Leben schenken würden."
bounty [ˈbaʊnt̬i] *n*	**Fülle, (großzügige) Gabe**
supplies [səˈplaɪz] *n (pl)*	**Vorräte, Proviant**
= provisions	
spoils *n pl*	**Beute**
life-sustaining *adj*	**lebenserhaltend**
ample [ˈæmpl] *adj*	**reichlich, üppig**
tempting *adj*	**verführerisch**
= alluring	

(initial) bloodbath *n*	**Blutbad (am Anfang)**
free-for-all *adj*	**Gerangel, Schlägerei**
fierce competition [fɪrs] *n*	*hier:* **Hauen und Stechen**
be at each other's throats *v*	**sich gegenseitig an die Gurgel gehen**
brutally attack at each other *v*	**aufeinander einschlagen**
hazard [ˈhæzɚd] *n*	**Gefahr, Risiko**
casualty [ˈkæʒuːlti] *n*	**(Todes-)Opfer**
make it through sth *v*	**etw überleben**
If you make through the initial bloodbath, you have a chance of surviving the Hunger Games.	Wenn du das Blutbad am Anfang überlebst, hast du eine Chance, die Hungerspiele zu überleben.

feast [fiːst] *n*	**Festmahl**
= banquet	
compel sb to do sth *v*	**jdn zwingen etw zu tun**
= force sb to do sth	
gather (together) *v*	**sich versammeln, zusammenkommen**

means of exerting pressure *n*	**Druckmittel**
confrontation *n*	**Konfrontation, Zusammenstoß**
= encounter	
risk one's life *v*	**sein Leben aufs Spiel setzen, riskieren**

2.5.3 The Creatures

Creatures

Scientists in the Capitol have created strange creatures: **genetically altered** animals, bred and nurtured in a lab, that can be used as weapons.
Wissenschaftler im Kapitol haben seltsame Kreaturen gezüchtet. Das Resultat sind **genetisch veränderte** Tiere, im Labor hervorgebracht, die als Waffen benutzt werden können.

mutt(ation) *n*	**Muttation,** *(hier: genmanipuliertes Wesen)*
▸ mutt	▸ Köter, Promenadenmischung
canine [ˈkeɪnaɪn] *adj*	**Hunde-**
wolf *n (pl: wolves)*	**Wolf**
resemble [rɪˈzembl] *v*	**ähneln**
features (of a dead tribute) [ˈfiːtʃɚz] *n*	**Gesichtszüge (eines toten Tributs)**
dehumanized *adj*	**entmenschlicht**
scary [ˈskeri] *adj*	**furchteinflößend, unheimlich**

balance (on its hind legs) *v*	**(auf den Hinterbeinen) balancieren**
razor-sharp *adj*	**rasiermesserscharf**
claw [klɑː] *n*	**Klaue**
fur [fɜːr] *n*	**Pelz, Fell**
snout *n*	**Schnauze, Maul**
sniff *v*	**schnüffeln**
growl [graʊl] *v*	**knurren**
snarl *v*	**Zähne fletschen**

tracker jacker *n*	**Tracker Jacker** *(mutierte Killerbienen) (hier: wespenähnliches Insekt, das jdn verfolgt, wenn das Nest zerstört wird.)*
wasp [wɑ:sp] *n*	**Wespe**
swarm [swɔ:rm] *n*	**Schwarm**
sting [stɪŋ] *v*	**stechen**
▸ sting	▸ Stachel, Stich
barbed stingers *n*	**Stacheln mit Widerhaken**
hone in on sb [hoʊn] *v*	**sich auf jdn ausrichten**
track down *v*	**aufspüren**
venom [ˈvenəm] *n*	**Gift**
= poison	
hallucination [həˌlu:sɪˈneɪʃn] *n*	**Halluzination**
swelling *n*	**Schwellung**
mockingjay *n*	**Spotttölpel** *(hier: aus Kreuzung von Spottdrossel (mockingbird) und Schnattertölpel entstandene Vogelart)*
jabberjay *n*	**Schnattertölpel** *(hier: genmanipulierte Vogelart)*
▸ jabber	▸ schwatzen, plappern
cross-breeding *n*	**Kreuzung (biologisch)**
mate with *v*	**sich paaren mit**
carry (messages) *v*	**(Botschaften) übermitteln**
repeat (a conversation) *v*	**(eine Unterhaltung) wiederholen**
memorize a conversation	sich eine Unterhaltung merken
tune [tu:n] *n*	**Melodie**
= melody	
pick up a tune	eine Melodie aufgreifen
imitate *v*	**nachmachen, wiederholen**
whistle [ˈwɪsəl] *n*	**Pfiff**
▸ whistle *v*	▸ pfeifen
shriek [ʃri:k] *v*	**gellender Schrei**

2.6 The audience

The audience

The **audience** for the Hunger Games consists of all of the people of Panem. But only the citizens of the Capitol watch the Games voluntarily. For them, the Games are pure entertainment.
Alle Menschen in Panem stellen die ***Zuschauer*** *der Hunger Games. Aber nur die Bürger des Capitol sehen sich die Spiele freiwillig an. Für sie sind die Spiele reine Unterhaltung.*

audience [ˈɑːdiən(t)s] *n*	**Zuschauer, Publikum**
anticipation *n uncount*	**(begeisterte) Erwartung**
sympathize *(with sb) v*	**(mit jdm) sympathisieren**
support sb *v*	**jdn unterstützen**
favor sb [ˈfeɪvɚ] *v (AE)*	**jdn begünstigen, vorziehen**
root for sb [ruːt] *v*	**jdm die Daumen drücken, mit jdm mitfiebern**
go berserk [bɚˈzɜːrk] *v (inf)* = go nuts *(inf)*	**ausrasten, ausflippen**
cheer [tʃɪr] *v*	**(zu-)jubeln**
shower sb with sth *v*	**jdn mit etw überhäufen, überschütten**
bet (on sb) *v*	**(auf jdn) wetten, setzen**

sponsor *n* › sponsor sb › sponsorship	**Sponsor, Unterstützer** › jdn sponsern, unterstützen, › Sponsoring
back sb *v*	**hinter jdm stehen, jdn unterstützen**
gift *n*	**Geschenk**
(useful) item [ˈaɪt̬əm] *n*	**(nützlicher) Gegenstand**
contribute to sth [kənˈtrɪbjuːt] *v*	**spenden, einen Beitrag leisten für etw**
take on (a tribute) *v*	**(einen Tribut) übernehmen, auf sich nehmen**
assist sb [əˈsɪst] *v*	**jdm helfen, jdn unterstützen, jdm behilflich sein**
donate [ˈdoʊneɪt] *v* › donation	**spenden** › Spende

3.1 Katniss

Katniss

Katniss Everdeen, 16, is the **heroine** and **narrator** of the story. Together with Peeta, she is one of the main **protagonists.**
*Katniss Everdeen, 16, ist die **Heldin** und **Erzählerin** der Geschichte. Zusammen mit Peeta ist sie eine der **Hauptfiguren**.*

3.1.1 Appearance & personal background

dark skin	**dunkle Haut**
grime *n*	**Schmutz**
Katniss's skin may be so dark because of the grime.	Katniss' Haut ist möglicherweise wegen des Schmutzes so dunkel.
dark hair *n (pl)*	**dunkle Haare**
braid [breɪd] *n (AE)*	**Zopf**
ragged (clothes) [ˈrægɪd]	**zerlumpt(e), abgetragen(e Kleider)**
hunting partner *n*	**Jagdpartner(in)**
trousers [ˈtraʊzəz] *n pl (BE)*	**lange Hose(n)**
= pants [pænts] *(AE)*	
malnourished [ˌmælˈnʌrɪʃt] *adj (fml)*	**unterernährt**
= starving hungry	
athletic *adj*	**sportlich, athletisch**
stamina [ˈstæmənə] *n*	**Ausdauer**
(physically) fit *adj*	**(körperlich) fit**
agile [ˈædʒəl] *adj*	**beweglich, agil**

Katniss's family

The member of her family that Katniss loves most is her younger sister Prim, who is aged 12. The **relationship** to her mother has been difficult since her father's death in a **mining accident**.

family relationship *n*	**familiäre Beziehung**
close family relationship	eng
more distanced family relationship	distanziert
coal miner *n*	**Bergmann**

mining accident *n*	**Grubenunglück**
sweet (voice) *adj*	**lieblich, süß** *(Stimme)*
(born) healer	**geborene(r) Heiler(in)**
Katniss's younger sister Prim is a born healer.	Katniss' jüngere Schwester Prim ist eine geborene Heilerin.
lovable [ˈlʌvəbl] *adj*	**liebenswert, liebenswürdig**
fragile [ˈfrædʒəl] *adj*	**empfindlich, zerbrechlich**
tiny [ˈtaɪni] *adj*	**sehr klein, winzig**

Katniss likes:	
singing *n*	**Singen**
being on her own	**Alleinsein**
keeping her thoughts (feelings) to herself	**seine Gedanken (Gefühle) für sich zu behalten**
fooling around *v/n*	**herumalbern**
archery [ˈɑːrtʃtəri] *n*	**Bogenschießen**
hunting *n*	**Jagen**
to outwit other people *v*	**andere Menschen überlisten**
unspoilt Nature *n*	**(die) unberührte Natur**
trespassing *n*	**unerlaubtes Betreten**
truthfulness *n*	**Ehrlichkeit**

Katniss dislikes:	
following rules *v, n*	**sich Regeln anzupassen**
caring for animals *v, n*	**sich um Tiere zu kümmern**
healing people *v, n*	**Menschen zu heilen**
chatter *n*	**Plauderei, Geschwätz**
holding her tongue *v, n*	**ihre Zunge im Zaum zu halten**
play-acting *v, n*	**Heuchelei, Verstellung**
opening up (to sb) *v, n*	**sich (jdm) zu öffnen**

3.1.2 Character traits & feelings

attentive *adj*	aufmerksam
thoughtful *adj*	nachdenklich
quick-thinking *adj*	geistesgegenwärtig, schnell denkend
supportive *adj*	unterstützend
strong-willed *adj*	eigensinnig, willensstark
flexible ['fleksɪb^{ə}l] *adj*	flexibel, anpassungsfähig
serious ['sɪriəs] *adj*	ernst(haft)
stoic ['stoʊɪk] *adj*	stoisch, ruhig
intense *adj*	ernsthaft, anstrengend
brave [breɪv] *adj*	mutig, tapfer
fierce [fɪrs] *adj*	erbittert, wild
tough [tʌf] *adj*	zäh

Attitude towards Capitol

- **rebellious** aufsässig, rebellisch
- **resistant** Widerstand leistend
- **defiant** trotzig, aufsässig
- **hostile** feindselig
- **disobedient** ungehorsam
- **indignant** ungehalten
- **contrary** widerspenstig
- **nonconformist** unangepasst
- **furious** wütend

3.1.3 Role changes & rebellion

fight for os *v*	für sich selbst kämpfen
find an ally ['ælaɪ] *v*	eine(n) Verbündete(n) finden
empathize with sb *v*	sich in jdn hineinversetzen, sich in jdn einfühlen
adjust to (conditions) *v*	sich (den Bedingungen) anpassen

accept (one's fate) [ək'sept] *v*	**(sein Schicksal) akzeptieren, annehmen**
obey (rules) [oʊ'beɪ] *v*	**sich (Regeln) anpassen**
play along with sb *v*	**mit jdm mitspielen, so tun als ob**
Katniss learns to play along with Haymitch's strategy.	Katniss lernt, mit Haymitchs Strategie mitzuspielen.
pretend (to be in love) *v*	**so tun als ob (man verliebt sei)**
win (people's hearts) *v*	**(die Herzen der Menschen) gewinnen**

volunteer for sth [ˌvɑːlən'tɪr] *v*	**sich freiwillig für etw melden**
contact (sb) ['kɑːntækt] *v*	**Kontakt aufnehmen (zu jdm)**
anger (the Gamemakers) *v*	**(die Spielmacher) verärgern**
= annoy	
avoid killing *v*	**Töten vermeiden**
teach (mockingjays) songs *v*	**(Spotttölpeln) Lieder beibringen**
show (sb) alliance *v*	**(jdm) Allianz, Verbindung zeigen**
conduct a funeral ['kɒndʌkt] *v*	**eine Beerdigung abhalten, durchführen**
sing a lullaby *v*	**ein Schlaflied singen**
break the rules *v*	**gegen die Regeln verstoßen**
stoke up (rebellion) *v*	**(zur Rebellion) anstiften**
= instigate	

3.2 Peeta

Character

- **considerate** rücksichtsvoll, aufmerksam
- **sincere** aufrichtig, ehrlich
- **kind** [kaɪnd] nett, liebenswürdig
- **charming** reizend, charmant
- **protective** beschützend
- **winning** gewinnend, einnehmend
- **compassionate** mitfühlend
- **lik(e)able** liebenswert
- **stubborn** eigensinnig
- **honest** ehrlich
- **good-natured** gutmütig
- **helpful** hilfsbereit

Peeta's skills

Peeta, unlike Katniss, is no fighter, but there are some things he is good at, for example:

endearing himself to others [enˈdɪrɪŋ] *n, v*	**sich bei anderen beliebt machen**
winning over the audience *n, v*	**das Publikum für sich gewinnen**
banter *n*	**Scherz, Wortgeplänkel**
lighting fires *n, v*	**Feueranzünden**
camouflage [ˈkæməflɑː(d)ʒ] *n*	**Tarnung**
hand-to-hand combat *n*	**Nahkampf, Kampf Mann gegen Mann**
weightlifting *n*	**Gewichtheben**
loyalty [ˈlɔɪəlti] *v*	**Loyalität**

3.3 Rue

wisp *n*	**Hauch**
Rue, the youngest of the tributes, is referred to as "a wisp of a child".	Rue, die jüngste der Tribute, wird als "ein Hauch von einem Kind" bezeichnet.
gossamer [ˈgɑːsəmɚ] *adj*	**hauchzart, ~dünn**
light [laɪt] *adj*	**leicht**
beautiful [ˈbjuːt̬əfəl] *adj*	**schön, sehr gut aussehend**
sweet (voice) *adj*	**lieblich, süß (Stimme)**
smart *adj*	**schlau, clever, intelligent**
protective (of siblings) *adj*	**(die Geschwister be-)schützend**
defenseless *adj*	**wehrlos, schutzlos**
vulnerable [ˈvʌlnərəbl] *adj*	**verletzlich, verwundbar**

climb [klaɪm] *v*	**klettern**
slingshot *n*	**(Stein)Schleuder**
(be a) good shot *v*	**ein guter Schütze, eine gute Schützin (sein)**
know about (plants) *v*	**sich (mit Pflanzen) auskennen**
ally [ˈælaɪ] *n*	**Verbündete(r)**
companion *n*	**Gefährte, Gefährtin, Begleiter(in), Kamerad(in)**
observant *adj*	**aufmerksam**
musical [ˈmjuːzɪkəl] *adj*	**musikalisch**
keep out of sight *v*	**außer Sicht bleiben, in Deckung bleiben**

3.4 Gale Hawthorne

miner [ˈmaɪnɚ] *n*	**Bergarbeiter(in), Kumpel**
tall [tɔːl] *adj*	**groß (gewachsen)**
powerful *adj*	**kräftig, energisch, dynamisch**
good-looking *adj*	**gut aussehend**
grey (eyes) [greɪ] *adj*	**grau(e Augen)**
olive (skin) *adj*	**olivenfarben(e Haut)**
straight (hair) *adj*	**glatt(es Haare)**
manly *adj*	**männlich, wie ein Mann**

be devoted to one's family *v*	seine Familie sehr lieben, in seiner Familie völlig aufgehen
reliable [rɪˈlaɪəbᵊl] *adj*	zuverlässig
confidant [ˈkɑːnfədɔ̃] *n*	Vertraute(r)
companionship *n*	Kameradschaft
share thoughts (knowledge) *v*	Gedanken (Wissen) teilen
lighten sb's load *v*	jdm die Last leichter machen
question everything *v*	alles in Frage stellen
rage [reɪdʒ] *n uncount*	Wut, Rasen, Toben
= fury	
break the laws *v*	die Gesetze brechen
challenge sb *v*	jdn herausfordern
rant about sth *v*	gegen etw wettern
tirade [ˈtaɪreɪd] *n*	Tirade, Schimpfkanonade
rebel (against sb/sth) [rɪˈbel] *v*	(gegen jdn/etw) rebellieren, sich auflehnen (gegen jdn/etw)

3.5 The Peeta-Katniss romance

romance [roʊˈmæn(t)s] *n*	Liebesgeschichte, ~affäre, Romanze
staged (romance) staged	inszeniert(e Romanze)
▸ romantic	▸ romantisch
star-crossed (lovers) *adj*	(Liebende) unter einem Unstern *(zurückgehend auf Shakespeare (Romeo and Juliet))*
fall in love (with sb) *v*	sich (in jdn) verlieben
be madly in love	wahnsinnig verliebt in jdn sein
have a crush on sb *v*	in jdn verknallt sein

Katniss's situation and feelings

Katniss is torn between her **pride**, the necessity to appear **to be in love** and actually **falling in love with** Peeta. At the end, however, she has to **repudiate her feelings** for him to protect him.

owe sb sth [oʊ] *v*	**jdm etw schulden**
gratitude *n*	**Dankbarkeit**
feel relief at (Peeta's survival) *v*	**Erleichterung wegen (Peetas Überleben) empfinden**
tend to sb's wounds *v*	**sich um jds Wunden kümmern**
nurse sb back to health *v*	**jdn gesund pflegen**
show emotions *v*	**Gefühle zeigen**
develop feelings for sb *v*	**für jdn Gefühle entwickeln**
go insane (with worry for sb) *v*	**verrückt werden vor Sorge um jdn**
bear the thought (of sth) *v*	**den Gedanken (von etw) ertragen**
I can't bear the thought of being without you!	
repudiate one's feelings for sb [rɪˈpju:dieɪt] *v*	**seine Gefühle für jdn verleugnen**
abstain (from) *v*	**verzichten (auf)**

Peeta's side

Peeta is the **driving force** in the romance, since he **fell in love with Katniss** when he first met her.

love at first sight *n*	**Liebe auf den ersten Blick**
declaration of love *n*	**Liebeserklärung**
pay sb a compliment *v*	**jdm ein Kompliment machen**
caress sb *v*	**jdn liebkosen**
tenderness *n (uncount)*	**Zärtlichkeiten**
show sb tenderness	jdm Zärtlichkeiten zeigen
cover for sb *v*	**für jdn einspringen**
trust sb *v*	**jdm vertrauen**
protective *adj*	**beschützend**
sacrifice os/ one's life for sb *v*	**sich/ sein Leben für (das eines anderen) anbieten, opfern**
sacrifice os for sb *v*	**sich für jdn opfern**

4.1 The role of TV

entertainment (factor) *n*	**Unterhaltungs(wert)**
– high entertainment factor	hoher Unterhaltungswert
– low entertainmnent factor	niedriger Unterhaltungswert
– People in the Capitol watch the Hunger Games on TV for pure entertainment.	Die Menschen im Capitol sehen die Hungerspiele im Fernsehen zur puren Unterhaltung.
sensation-seeking *adj*	**sensationsgierig**
‣ sensationalism	‣ Sensationalismus
‣ sensationalistic	‣ sensationalistisch
diversion [dɪˈvɜːrʃən] *n*	**Abwechslung, Ablenkung**
distraction *n*	**Ablenkung, Zerstreuung**
expect (some action) *v*	**(etwas Handlung, Aktion) erwarten**
dramatic showdown *n*	**dramatische Kraftprobe, Show-down**
At the end of the Hunger Games, everybody expects a huge dramatic showdown.	Am Ende der Hungerspiele erwartet jeder eine richtige Kraftprobe.
suspense [səˈspens] *n uncount*	**Spannung(sgeladenheit), Erwartung**
bloodthirsty *adj*	**blutrünstig**

obligation to attend *n*	**Anwesenheitspflicht**
roll call *n*	**Anwesenheitskontrolle**
obligatory viewing	**verpflichtendes Anschauen**
= mandatory viewing	
nightmare *n*	**Albtraum**
For most people in the Districts, watching the Hunger Games is a nightmare, not entertainment.	Für die meisten Menschen in den Distrikten ist es ein Alptraum, die Hungerspiele zu sehen, und keine Unterhaltung.
withhold information *v, Präteritum* withheld, withheld	**Informationen zurückhalten, verweigern**
grit one's teeth *v*	**Zähne zusammenbeißen**
immune [ɪˈmjuːn] *adj*	**abgestumpft**
endure sth [enˈdʊr] *v*	**etw ertragen, aushalten**
let sth roll off one's back *v (idm)*	**etw über sich ergehen lassen**

4.2 The Hunger Games as a reality show

reality TV show *n*	**Reality-Fernsehshow**
voyeuristic [ˌvɔɪjəˈrɪstɪk] *adj*	**voyeuristisch**
expose *v*	**bloßlegen, offenbaren**
In a reality show, the contestants' feelings are often brutally exposed.	In einer Reality-Fernsehshow werden die Gefühle der Teilnehmer oft brutal offenbart.
disgusting [dɪsˈgʌstɪŋ] *adj*	**widerlich, ekelhaft**
(special) feature [ˈfiːtʃɚ] *n*	**(Sonder-)Beitrag, (Sonder-)Sendung**
prime time *n, adj*	**Hauptsendezeit(s-)**
prime time TV	Hauptsendezeitsfernsehen
emotional pressure *n*	**seelischer Druck**
(physical) strain *n*	**(körperliche) Belastung, Anstrengung**
stressful *adj*	**anstrengend, stressig**
indignity [ɪnˈdɪgnət̬i] *n*	**Demütigung**
tear sb apart (emotionally, mentally) *v*	**jdn (emotional, geistig) zerlegen, demontieren**

participant *n*	**Teilnehmer(in)**
contestant *n*	**Mitbewerber(in)**
agree on what to say [əˈgriː] *v*	**sich im Voraus absprechen**
show sb/sth to his/her/its (full) advantage *v*	**jdn/etw zur (vollen) Geltung kommen lassen**
All Hunger Games tributes receive roles, costumes and make-up which show them to their fullest advantage.	Alle Tribute bekommen Rollen, Kostüme und Schminke, die sie zur vollen Geltung kommen lassen.
appearance [əˈpɪərᵊns] *n uncount*	*hier:* **Auftreten, Erscheinung**
gesture *n*	**Geste**
posture [ˈpɑːstʃɚ] *n*	**Körperhaltung**
give sb the impression of being (sullen) *v*	**auf jdn ... (mürrisch, unfreundlich) wirken**
... hostile	feindselig
... convincing	überzeugend
... charming	bezaubernd

host(ess) [hoʊst] *n*	**Moderator(in), Gastgeber(in)**
stylist *n*	**(Mode-)Stylist(in)**
impress [ɪmˈpres] *v*	**beeindrucken**
elaborate (hairstyle/ costume/ make-up) [ɪˈlæbərət] *adj*	**aufwendig (Frisur/ Kostüm/ Makeup)**
outshine sb *v*	**jdn überstrahlen, in den Schatten stellen**
mirror sth [ˈmɪrɚ] *v*	**etw widerspiegeln** *(hier: den Charakter des Distrikts)*
The tributes are presented in a way which in some way mirrors the characteristics of their District.	Die Tribute werden so präsentiert, dass sie auf irgend eine Weise die charakteristischen Merkmale ihrer Distrikte widerspegeln.
dazzle [ˈdæzl] *v*	**schillern**
gorgeous [ˈgɔːrdʒəs] *adj*	**wunderschön, umwerfend**

The host's tasks are to:

- **warm up (the audience)** – das Publikum aufwärmen
- **set contestants at ease** – die Kandidaten beruhigen
- **bring out the best (in sb)** – das Beste hervorholen
- **reassure sb** – jdn beruhigen
- **encourage sb** – jdn ermutigen, anfeuern
- **prompt** – jdn dazu bringen etw zu tun, ermuntern
- **coax sb** – jdm gut zureden
- **tease sb** – jdn necken
- **push sb (to (do) sth)** – jdn zu etw drängen (etw zu tun)
- **tease sth out of sb** – etw aus jdm herauskitzeln

4.3 Media surveillance

surveillance [sɚˈveɪlən(t)s] *n*	**Überwachung**
keep (sb) under surveillance	(jdn) überwachen, observieren
surveillance camera	Überwachungskamera
CCTV *n*	**Videoüberwachung**
= Closed Circuit Television	
omnipresent *adj*	**allgegenwärtig**
prying *adj*	**neugierig, herumschnüffelnd**
informer *n*	**Informant, Spitzel, Spion**
pass on information *v*	**Informationen weitergeben**
tracker *n*	**Peilsender**

Surveillance activities

- **watch** überwachen
- **monitor** abhören, überwachen
- **help make people feel safe** dazu beitragen, dass Menschen sich sicherer fühlen
- **listen in on sb** jdn abhören
- **invade sb's privacy** in jds Privatsphäre eindringen
- **(video)tape** (auf Band) aufnehmen
- **eavesdrop (on sb)** (jdn) abhören
- **observe** observieren, beobachten
- **prevent, reduce crime** Kriminalität vorbeugen, reduzieren
- **use technology for positive ends** Technologie für einen positiven Zweck einsetzen

4.4 Manipulation

monopoly *n*	**Monopol**
‣ monopolize *(verb)*	
The Capitol has the monopoly on all information about the Hunger Games.	Das Capitol hat das Nachrichtenmonopol über die Hunger Games.
reporting *n*	**Berichterstattung**
objective reporting	objektive Berichterstattung

▸ biased reporting	▸ voreingenommene, befangene Berichterstattung
withhold information *v*	**Informationen zurückhalten, verweigern**
prevent the spreading of (the) news *v*	**die Verbreitung von Nachrichten verhindern**
suppress the truth *v*	**die Wahrheit unterdrücken**

lack of privacy [ˈpraɪvəsi] *n*	**Mangel an Privatsphäre**
pry into sb' s feelings *v*	**jds Gefühle ausspionieren, in jds Gefühlen herumschnüffeln**
expose sb to sth *v*	**jdn einer Sache aussetzen**
expose sb to great danger	jdn einer großen Gefahr aussetzen
spy (on sb) [spaɪ] *v*	**(jdn) ausspionieren**
reveal [rɪˈviːl] *v*	**enthüllen, preisgeben**
hide one's feelings *v*	**seine Gefühle verstecken, verbergen**
suppress one's feelings	seine Gefühle unterdrücken
guard one's feelings	seine Gefühle hüten/schützen
simulate sth [ˈsɪmjəleɪt] *v*	**etw simulieren, vortäuschen**
hypocrisy [hɪˈpɑːkrəsi] *n*	**Heuchelei**

be careful (with words) *v*	**(mit Worten) vorsichtig sein**
avoid (certain topics) [əˈvɔɪd] *v*	**(bestimmte Themen) vermeiden**
condition sb *v*	**jdn konditionieren**
keep one's thoughts (feelings) to os *v*	**seine Gedanken (Gefühle) für sich zu behalten**
reserve [rɪˈzɜːrv] *n*	**Verschlossenheit**
say sth (out loud) in public *v*	**sich öffentlich äußern**
unspoken *adj*	**unausgesprochen**
≠ outspoken	≠ freimütig, unverblümt
rash *adj*	**unbedacht**
a rash decision	eine voreilige Entscheidung
ambiguous [æmˈbɪgjʊəs] *adj*	**zweideutig, mehrdeutig**

5.1 Dystopia

What is a "dystopia"?

Dystopian societies are fictional visions of the future. They always include a **totalitarian** regime or **ruling elite** which **oppresses** the rest of the population, which has been systematically **dehumanized.** Generally they have a strict caste system which cruelly ignores the freedom of the individual and **suppresses human rights** and uses **propoganda** and **physical violence** to enforce a **ruthless** and tyrannical government.

dehumanization *n*	**Entmenschlichung**
‣ dehumanize	‣ entmenschlichen
(totalitarian) regime *n*	**(totalitäres) Regime**
ruling elite *n*	**herrschende Elite**
collapse of society *n*	**Zusammenbruch der Gesellschaft**
(social) disparity *n*	**(gesellschaftliche, soziale) Ungleichheit**
suppress human rights *n*	**Menschenrechte unterdrücken**
(physical) violence *n*	**(körperliche, physische) Gewalt**
propaganda *n*	**Propaganda**
distrust *n*	**Misstrauen**

Characteristics of a dystopian society

- **frightening** beängstigend
- **oppressive** bedrückend
- **inhuman** menschenverachtend
- **repressive** unterdrückend
- **ruthless** unbarmherzig
- **totalitarian** totalitär
- **unjust** ungerecht
- **hopeless** aussichtslos
- **anti-individualistic** anti-individualistisch
- **pessimistic** pessimistisch

5.2 Utopia

Utopia

A **utopia** describes an imaginary, beautiful and good place or state of **perfection**. A **utopian** society has no **social problems**. "Utopia", written by Sir Thomas More in 1516, was also the title of the first **fictional** representation of an **ideal society** since Ancient Greek times.

utopia [juːˈtoʊpiə] *n*	**Utopie, Wunschvorstellung**
‣ utopian	‣ utopisch
optimistic [ˌɑːptəˈmɪstɪk] *adj*	**optimistisch**
perfect [ˈpɜːrfɪkt] *adj*	**perfekt, vollkommen**
idyll [ˈɪdəl] *n*	**Idylle**
‣ idyllic	‣ idyllisch
paradise [ˈpærədaɪs] *n uncount*	**Paradies**
rational *adj*	**rational, vernünftig**
pleasant *adj*	**angenehm**
benign [bɪˈnaɪn] *adj*	**gütig**
humane [hjuːˈmeɪn] *adj*	**menschenfreundlich**
just *adj*	**gerecht**

brotherhood *n*	**Brüderlichkeit**
equality *n*	**Gleichheit, Gleichberechtigung**
harmony *n*	**Harmonie**
justice *n*	**Gerechtigkeit**
pacifism [ˈpæsəfɪzəm] *n uncount*	**Pazifismus**
human rights [ˌhjuːmənˈraɪts] *n (pl)*	**Menschenrechte**
freedom of thought *n*	**Gedankenfreiheit**
public good [ˈpʌblɪk] *n*	**Gemeinwohl**
prosperity [prɑːˈsperət̬i] *n*	**Wohlstand, wirtschaftlicher Erfolg**
separation of powers *n*	**Gewaltenteilung**
The US American constitution separates the legislative, executive and judiciary powers of government.	Die US-amerikanische Verfassung trennt das Legislative, das Executive und das Judikative voneinander.

5.3 Technologies

Technology in Panem

Panem is a **technically very advanced** society. People in the Districts, however, are excluded from the blessings of these **technologies**.
*Panem ist eine **technologisch weit entwickelte** Gesellschaft. Die Menschen in den Distrikten sind jedoch von den Segnungen dieser **Technologien** ausgeschlossen.*

cutting edge technology *n*	**auf dem neuesten Stand befindliche Technologie**
information technology *n*	**Informationstechnik, Informatik**
electronics [ɪˌlekˈtrɑːnɪks] *n uncount*	**Elektronik**
automation [ˌɑːtəˈmeɪʃən]	**Automatisierung**
digitalization *n*	**Digitalisierung**
computerized *adj*	**computergesteuert**
animated [ˈænɪmeɪt̬ɪd] *adj*	**animiert**
sophisticated [səˈfɪstɪkeɪt̬ɪd] *adj*	**raffiniert, anspruchsvoll**

genetic engineering *n*	**Gentechnik**
genetically engineered	genmanipuliert
genetically modified	gentechnisch verändert
(medical) advances *n (pl)*	**(medizinische) Fortschritte**
surgical technique(s) *n*	**Operationstechnik**
(organ) transplant(ation) *n*	**(Organ-)Transplantation**
artificial (limb) [ˌɑːrt̬əˈfɪʃəl] *adj*	**künstlich(es Glied)**
plastic surgery *n*	**plastische Chirurgie, Schönheitsoperation**
electronic device [dɪˈvaɪs] *n*	**elektronisches Gerät**
high-speed train *n*	**Hochgeschwindigkeitszug**